Fantastic Trams in Blackpool   *Fumio Goto*

ファンタスティックトラム

イギリス・ブラックプールの路面電車   後藤文男

Contents

ブラックプールとは・・・・・・・・・・・・・・・4

イルミネーションの季節・・・・・・・・・・・8

ヘリテイジトラムツアー・・・・・・・・・・20

LRVの時代・・・・・・・・・・・・・・・・・・70

ポール全盛期の頃・・・・・・・・・・・・・・90

形式写真・・・・・・・・・・・・・・・・・125

ブラックプールの顔さまざま・・・・・・・153

難しいポール操作・・・・・・・・・・・・・158

創業期から今日までの車両一覧・・・・・・160

1968年の改番表・・・・・・・・・・・・・165

会社年表・・・・・・・・・・・・・・・・・165

1978年・2015年在籍車両一覧・・・・・・166

保存団体所有車・・・・・・・・・・・・・・167

あとがき・・・・・・・・・・・・・・・・・168

ブラックプールとは

ブラックプールは，英国・イングランドの北西海岸，アイリッシュ海に面している街で人口約142,000人である．マンチェスターから列車で約1時間10分，ロンドン・ユーストンからはプレストン乗り換えでブラックプール北駅まで約2時間50分かかる．もとは漁村だったが，18世紀なかばからイングランド北部の工場労働者のリゾート地として栄えた．以前は海水浴場として親しまれたが，真夏でも気温は20℃くらいにしかならない日も多く，さらに海辺のため風が強いので今ではよっぽど穏やかな日以外は泳ぐ人はいない．日本人にはガイドブックにあまり出ていないのでなじみがないが，社交ダンスの愛好家には国際競技大会が行われることで知られている．映画"Shall We ダンス？"のラストシーンに登場したので，ご記憶の方もいらっしゃるかと思う．沿線には，ブラックプールタワーを始め，劇場，映画館，水族館，動物園，マダムタッソーろう人形館，ジェットコースター，観覧車，ゲームセンターなどの娯楽施設が立ち並ぶ大衆リゾート地帯である．ランドマークであるブラックプールタワーは1894年に完成，パリのエッフェル塔を模倣するも高さは158.12mと約半分で，最初に見たときは大阪の通天閣にそっくりだと思った．海岸べりを中心にホテルやコンドミニアム，別荘が林立しているが，シーズンオフとなる時期にも客を呼ぼうと1879年に初めてイルミネーションが行われた．1912年から本格的な電気イルミネーションが始まり，毎年8月末頃から11月初旬頃まで街中が華やかなイルミネーションで彩られる．

ブラックプールのトラムは，英国で最初の路面電車で世界で最初に路面電車が走ったベルリンに遅れること4年，1885年9月29日にBlackpool Electric Tramway CompanyがNorth Pierの近くからSouth Pierまで1.6 kmを開通させたのが始まりで，車庫はBlundell Street（今のRigby Road Depotに隣接）にあった．軌間は1,435 mm，電圧は直流230 Vで，路面に掘られた溝から集電するコンデュイット（Conduit）システムが採用された．電車はオープントップ（2階の屋根がない）のダブルデッカーだった．しかし、運転開始後数年でコンデュイットシステムはいろいろな問題を引き起こした．海水を被って漏電を起こしたり，砂が入って集電できなかったり，電圧降下が起きたりした．時には馬に引っ張ってもらったこともあった．1892年9月10日Blackpool Corporation Tramwayによって引き継がれたあと，1898年にコンデュイットシステムから直流550Vの架線集電式に変更された．

1898年7月14日Blackpool and Fleetwood Electric Tramroadという別の会社がFleetwoodからBlackpool North駅まで13.21 kmを開通させた．軌間は1,435 mmで，最初から架線集電式（直流550V）を採用した．車庫

ブラックプールの海岸　　　　Photograph by Hideko Goto　世界社交ダンス競技会が行われるウィンターガーデン

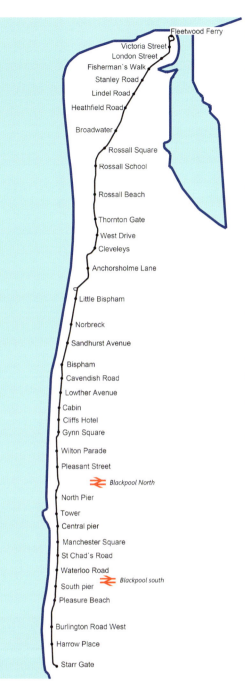

は Copse Road（Stanley Road の近く），Fleetwood, Bispham にあり，車両は2階建てではなく屋根付きだが窓や腰板のないトロッコタイプのものだったが，のちに窓と側板のある普通の箱形の車両も造られた．1920年1月1日 Blackpool Corporation Tramway によって引き継がれ，2つの会社は一つにまとまった．

　かつてはブラックプールの市内中心にも路線があったが，1961年から1963年にかけて廃止され，現在はアイリッシュ海沿いの1系統だけで，北は Fleetwood Ferry から南は Star Gate まで延長17.7 km を約1時間かけて運転している．軌間は1,435 mm，電圧は直流600V（LRV 導入を前に2011年昇圧）である．Pleasure Beach, Little Bispham, Fleetwood Ferry と Starr Gate にはループ線がある．英国にはロンドンをはじめ多くの都市にトラムがあったが，1962年のグラスゴーを最後にすべて廃止されブラックプールだけが唯一創業以来営業を続けており，世界的にも最古の部類に入る．

　2006年から2011年まで区間ごとに長期運休し全面的な軌道改修

ブラックプールの玄関口　北駅

かつてのトラム網（黒線部分）　インターネットから引用

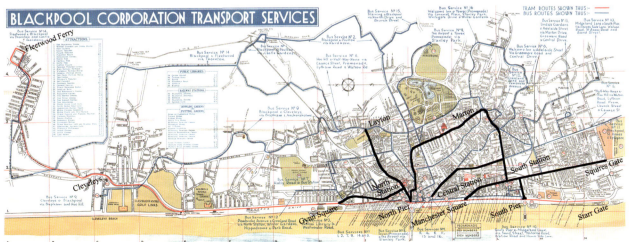

ブラックプールタワーのガラス床は東京スカイツリーや東京タワーのそれとは比べ物にならないくらい面積が半端でない

陽気なエレベーターの乗客

恐怖のガラス床　おっかなびっくりで下界を覗き込む　　Photograph by Hideko Goto

が行われ，2012年Starr GateにLRV(Light Rail Vehicle)用として新しい車庫が造られ，それまでのRigby Road depot（車庫）には保存車両が収納されている．将来はBlackpool North駅に延長する計画があり，すでにNorth Pierには分岐のポイントが準備されているが，その先の工事はまだ行われていない．ブラックプールは香港，エジプトのアレクサンドリアと並んで2階電車を運転することで有名であるが，2012年バリアフリー化でボンバルディア社製のFlexity2と呼ばれる5連接の100%低床LRVが16編成投入され，多客時の臨時電車を除いて定期列車で2階電車を目にする機会はなくなってしまった．

　1912年イルミネーションの時期に合わせて，通常の2階電車に電飾したものイルミネーショントラム68が初めて走った．1925年にはベニスのゴンドラを思わせるような奇抜な形のイルミネーショントラムが，また1937年にはBand Wagonと呼ばれるものも登場した．その後，第2次世界大戦で一時中断したが，1949年Band Wagonを更新したものが，1959年には戦後初のイルミネーションカーBlackpool Belle731，さらに1961年にはRocket732が，そして1962年にはWestern Trainが登場した．それは蒸気機関車1両に客車1両という編成で，機関車のテンダー部分も客室となっている．1999年に休車となり，Rigby Road depotに置かれていたが，2006年に更新され現役に復帰した．そのにぎやかな電飾には度肝を抜かれる．他にトロール漁船やフリゲート艦を模したものもある．イルミネーションカーによるツアーは，イルミネーション期間中の毎日日没後に運転されている．Pleasure Beachを出発，Little Bisphamのループ線で折り

英国といえばフィッシュ＆チップス　　　　　　　　　海岸通りには観光馬車がたくさん通る

返し約 1 時間 20 分かけて Pleasure Beach に戻るコースである．ヘリテイジトラムと呼ばれる保存電車は，おもに 4 月から 8 月までの週末，Bank Holiday と呼ばれる休日，および夏季とイルミネーション期間中に"ヘリテイジトラムツアー"として運行される．これは Pleasure Beach, North Pier, Cabin, Bispham, Cleveleys, Fleetwood Ferry のみに停まる．ブラックプールにやってくる観光客の中には，ヘリテイジやイルミネーショントラムに乗る人も大勢おりピーク時には 20 分間隔で運転されている．なお，トラムは英国の休日である Boxing Day（12 月 26 日）と New Year's Day（1 月 1 日）には全面運休，また年末には終電が繰り上がるので注意が必要である．

ノースピアにあるトラムショップ　鉄道書籍・グッズ・模型を販売　　　アイリッシュ海に沈む太陽

イルミネーションの季節

毎年 8 月の終わりから 11 月の初めまでブラックプールの街は毎晩無数の電飾で彩られる
ブラックプールタワーもカラフルに変化する

Tower　7 September 2013
North Pier　6 September 2013

遊戯施設のどことなくユーモラスな看板も華を添える　　　　　　　　　　　　　　　　　　　　　　　　Tower － Central Pier　7 September 2013

夜更けのメトロポールホテルの窓から　　　　　　　　　　　　　　　　　　　　　　　　　　　　　　　North Pier　6 September 2013

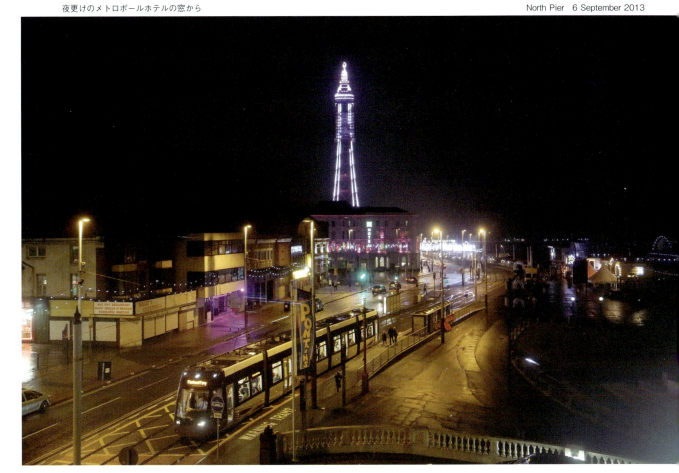

イルミネーションツアーの中でもディズニーランドのエレクトリカルパレードを連想させる Western Train は一番人気

North Pier   7 September 2013

733-734　Western Train は 1962 年 204・174 を流用して製造されたが老朽化のため 2009 年に宝くじ基金を使って更新された

２両目の客車の形をした 734 はトレーラー

St Chad's Road　7 September 2013

Pleasure Beach　8 September 2013

蒸気機関車の形をしているが実は電車で機関車部分が電動車で運転台は煙室扉のすぐうしろにある
Central Pier — Manchester Square
7 September 2013

機関車のテンダー部分は客室となっている　前方には焚口らしきものが描かれている
8 September 2013

営業運転が終了するとトレーラーに付けられた運転台を使ってバック運転で入庫する
2014年ボール回しを解消するパンタグラフに交換された
Manchester Square
8 September 2013

イルミネーションツアーは特別料金（2013年は英5ポンド）

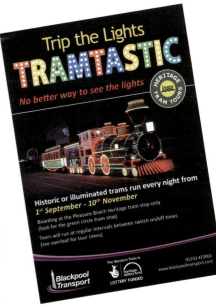

F736　Frigate は 1965 年 170 を改造してできた　2004 年更新　フリゲート艦を模している　　　Central Pier － Manchester Square　7 September 2013
（15 頁）先頭部には大砲　そのうしろにはレーダーが付いている　　　　　　　　　　　　　　　Tower － Central Pier　7 September 2013
入庫時のバック運転　甲板上にはヘリコプターが付いている　　　　　　　　　　　　　　　　　Manchester Scuare　8 September 2013

14

633 Trawler 'Cevic' は 2001 年に 633 を改造したものでトロール船を模している　　　North Pier　6 September 2013
中央には操舵室が設けられている　　　North Pier　6 September 2013

イルミネーショントラムの Rocket732 は 1999 年に引退　2012 年にイルミネーション 100 周年記念で沿線の広場に展示されていたが 2015 年に Rigby Road Depot に戻され修理が行われている
Gynn Square　7 September 2013

Brush Car 627 は 2012 年からプレジャービーチの広場に展示されていたが 2015 年に Rigby Road Depot に戻され代わりに 641 が置かれている
Pleasure Beach　8 September 2013

イルミネーションツアーにはイルミネーションカー以外のヘリテイジトラムも使われる

Manchester Square 7 September 2013

センターピアの大観覧車と Brush Car　　　　　　　　　　　　　　　　　　　　　　Manchester Square － Central Pier　7 September 2013

夜になると天窓の明かりで2階建てであることがよくわかる Balloon　　　　　　　　North Pier　7 September 2013

ヘリテイジトラムツアー

230の屋上には往年の歌手"George Formby"の肖像が掲げられている　　　　　　　　　　　　　　Tower － Central Pier　23 August 2014

（20頁）ブラックプール名物Boatの中にはアメリカで過ごしているものもある　　　　　Manchester Square － St Chad's Road　23 August 2014

2010年更新されヘッドライトとバンパーが交換された600　　　　　　　　　　　　　　Waterloo Road － South Pier　23 August 2014

21

汐風に吹かれながら海岸の遊歩道沿いを走る Boat　保存車両による特別運行をヘリテイジトラムツアーと呼んでいる

Sandhurst Avenue — Bispham   29 August 2015

上から見るとその構造がよくわかる

North Pier　30 August 2015

ブラックプールタワーのガラス床越しに　　　　　　　　　　　　　　　　　Blackpool Tower　28 August 2015

2羽のカモメが飛び立った　　　　　　　　　　　　　　　　　　　　　　　Blackpool Tower　28 August 2015

ブラックプールタワーから
ポール回しを見る　Boat
は一時期パンタグラフに交
換されたものもあったがパ
ンタグラフのグリースが乗
客に降り注いで苦情が出た
ためポールに戻された
28 August 2015

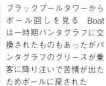

職人芸ポール回しの技
ループ線のない途中駅
での折り返しはポール
を転換しなければいけ
ないが紐がないので竹
竿を使って回す
North Pier
28 August 2015

竹竿は各車両の床下に下げら
れているがノースピアの電柱
にも掛けられている
28 August 2015

227 は 2013 年に赤とクリームに塗られた　　　　　　　　　　Manchester Square — St Chad's Road　23 August 2014

ポールのしなり方が独特　　　　　　　　　　　　　　　　　　Bispham　29 August 2015

派手なイルミネーションの
中を Boat が行き交う
Central Pier −
　　Manchester Square
　　29 August 2015

センターピアの大観覧車から狙う　この観覧車は鳥かごのような形で窓がないが回転速度が日本の観覧車の3倍くらい早くおまけにかご自体がクルクル回るのでシャッターチャンスが難しい
North Pier － Tower
23 August 2014

Boatの運転手さん
コントローラーはデッカー 雨が当たるので錆びている
 Nortth Pier　29 August 2015

Boatの車掌さんはサービス精神旺盛　　　29 August 2015

座席は木製ながらも転換クロスシート
　　　29 August 2015

最新のFlexity2と行き交うBoat
Manchester Square — St Chad's Road
23 August 2014

ヘリテイジトラムツアーの1日券
(2015年現在英10ポンドで一般
の電車にも乗車できる)

対向電車の運転手さんとあいさつ
29 August 2015

運転台の右側には乗務員扉が付いている
Nortth Pier　29 August 2015

1980年705と衝突事故を起こしたBalloon706は1985年事故復旧でオープントップに改造され "Princess Alice" の名が付けられた

Manchester Square　23 August 2014

2階最前部からの眺望は最高

Wilton Parade － Pleasant Street　31 August 2015

2階席は人気で満員　当初はパンタグラフが付けられていたが乗客に汚れが落ちたためポールに変更された
Waterloo Road − South Pier　23 August 2014

2階席は雨に濡れてもいいように木製の転換クロスシートになっている　　　24 August 2014

2階席からは架線に手が届きそう
North Pier　24 August 2014

"George Formby" 快走　　　　　　　　　　　　　Manchester Square － St Chad's Road　29 August 2015

"Princess Alice" 快走　　　　　　　　　　　　　Waterloo Road － South Pier　23 August 2014

ポール電車はうしろ姿も凛々しい　　　　　　　　　　　　　　　　　　　　Victoria Street － Fleetwood Ferry　24 August 2014

２階席のお客さんは撮影に夢中　　　　　　　　　　Fleetwood Ferry － Victoria Street　24 August 2014　Photograph by Hideko Goto

ブラックプールの人気者が並んだ　　　　　　　　　　　　　　　　　　　Pleasure Beach　23 August 2014

往年の名優が顔合わせ　　　　　　　　　　　　　　　　　　　　　　　　Pleasure Beach　31 August 2015

ヘリテイジトラムツアーに組み込まれた２種類のBalloon　　　　　　　　　　　　Fleetwood Ferry　24 August 2014

オールドタイマーと並んだTwin Car　　　　　　　　　　　　Pleasure Beach　30 August 2015

2014年はCrichのNational Tramway Museumから借りた167がエキストラとして加わった　　Manchester Square － St Chad's Road　24 August 2014

（40・41頁）登場当初はパンタグラフだったがグリースが垂れ乗客から苦情が出たためほどなくポールに替えられた　このため今でも"Pantograph"と呼ばれている
North Pier　23 August 2014

シルエットが美しい　　St Chad's Road － Manchester Square　24 August 2014　Photograph by Hideko Goto

1928年生まれながらも曲面ガラスを使ったり側窓を大きな固定窓にするなど斬新なデザインの167 1961年までブラックプールで活躍したが一部はイルミネーションカーに改造されている

Gynn Square － Wilton Parade　25 August 2014

フリートウッドへのナイトツアーを終えてノースピアに戻る　　Wilton Parade － Gynn Square　23 August 2014

43

2015年のエキストラはマンチェスターのHeaton Park Tramwayから里帰りした680 もとは1935年生まれのRailcoachだったが1960年にTwin CarのTowing Car（M車）に改造された 678〜680は両運転台
（45頁）毎年各地から往年の名車を借りてきて走らせることもブラックプールの魅力の一つ
ヘリテイジトラムツアーの電車は通常の停留場でなく"Heritage Tram Stop"に停まる

Wilton Parade － Pleasant Street　31 August 2015
Pleasant Street － North Pier　31 August 2015
Cabin　30 August 2015

乗降口は後部前面左側の扉のみの Box　　　　　　　　　　　　　　　　　　　　　　　　Pleasant Street － North Pier　31 August 2015

ブレーキはハンドブレーキが常用　　　　　　　　　　　　　　　　　　　　　　　　　　　　　　　　　31 August 2015

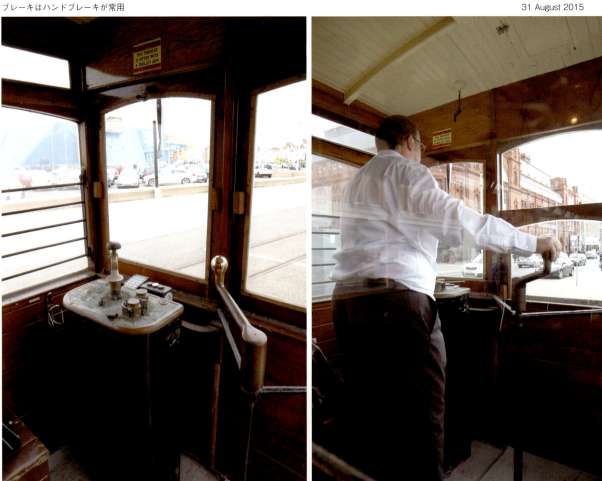

登場以来101年の歴史を誇るNew Fleetwood Box Blackpool & Fleetwood Electric Tramroadが1914年に製造したもので1920年Blackpool Corporation Tramwayに移管後1936年に事業用車5となったが1960年に廃車された 1963年に復元されCrichのNational Tramway Museumに保存されているが現在長期借用中である　　　　Cabin 31 August 2015

イギリスらしいタータンチェック柄の転換クロスシート天井からは本当の吊り革がぶら下がる

31 August 2015

40のPreston McGuire製台車　　　　　　31 August 2015

高いパンタ台が特徴の Brush Car　　　　　　　　　　　　　　　Pleasant Street − North Pier　31 August 2015

Rigby Road Depot からの出入庫線を走る Centenary642　　　　Manchester Square　30 August 2015

2階建てのバルーンを平屋にしたようなボディのBrush Car　　　　　　　　　　　　　　　　　　　　　　　　　　Manchester Square　31 August 2015

まるでバスのようなボディのCentenary　1984年から1991年にかけて登場したチョッパ制御車でワンマンカー　車体と台車は新製だがモーターなどは旧形車からの流用
　　　Cabin　30 August 2015

ノースピアを後に坂を上ってきた2両固定編成のTwin Car
North Pier － Pleasant Street
31 August 2015

途中折り返しのためループ線で向きを変える　トレーラーは1960年から1961年にかけて製造された　　　　　　　　　　　　Little Bispham　29 August 2015

プレジャービーチのジェットコースターを後ろに海岸沿いを走るTwin Car　M車は1958年から1962年にかけてRailcoachを改造したもの
St Chad's Road – Manchester Square　29 August 2015

2012年に登場当時の塗装と車番に戻され美しい姿のTwin Car　Blackpool North 駅への延長準備ですでにポイントが付けられている

Twin Car の運転台　　　　　　　　　　　　　　　29 August 2015

モダンな Twin Car の車内　　　　　　　　　　　29 August 2015

天窓がたくさん付いたデザインは現在でも通用する
North Pier
　　　　　　　　　　　29 August 2015

（55頁下）終点フリートウッドのループを回ってノースピアを目指す
Fleetwood Ferry － Victria Street
　　　　　　　　　　　29 August 2015

多数のケーブルが通る連結面　3本のワイヤーは人が進入することを防止するためのもの　　　Pleasure Beach　30 August 2015

Pleasure Beach 31 August 2015

美しいサイドビュー

Pleasure Beach 30 August 2015

715 Manchester Square — St Chad's Road   30 August 2015

701 Manchester Square — St Chad's Road   30 August 2015

57

ブラックプールトラムの代名詞ともいえる Balloon 写真は現在保存団体の所有となっている 715 Manchester Square　28 August 2015

もともと天窓があったが第 2 次世界大戦中夜間の空襲を避けるため閉じられた North Pier － Tower　28 August 2015

ブラックプールタワー前のコメディカーペットを行くBalloon700　　　　　　Blackpool Tower　28 August 2015

ドア改造された700は1996年に窓が原形に戻されている　　　　　　Bispham　29 August 2015

ホテルが建ち並ぶ海岸沿いの遊歩道に並行して進む711

プレジャービーチにあるヘリテイジトラムツアーの広告看板　もとは
切符売り場だった　　　　　　　　Pleasure Beach　8 September 2013

ヘリテイジトラムツアーの停止位置を示す標識
6 September 2013

ヘリテイジトラムツアー用の待合室
Fleetwood Ferry　24 August 2014　Photograph by Hideko Goto

Wilton Parade － Pleasant Street　31 August 2015

バリアフリー化が行われた Balloon は新車 Flexity2 と同じ塗装をしている
Wilton Parade － Pleasant Street　31 August 2015

バリアフリー化は階段があるため中央扉部分のみである
Pleasure Beach　24 August 2015

701 は 1996 年に紅白に塗られルートマスターとも呼ばれている　　　　　　　　　　　Pleasure Beach　24 August 2014

（62 頁）フリートウッドの灯台の脇を走る 701　　　　　　　　　　　　　　　　　Fleetwood Ferry － Victoria Street　24 August 2014

後を追いかける "Princess Alice" の 2 階から見る　　　　　　　　　　　　　　　Bispham － Sandhurst Avenue　24 August 2014

背の高い Balloon は今でもブラック
プールの主役
Wilton Parade － Pleasant Street
31 August 2015

（64頁）車体を積み上げたような一
種独特な風貌の Balloon
North Pier － Pleasant Street
31 August 2015

"車掌さん　ボク２階に乗りたいな"
Pleasure Beach　31 August 2015

マンチェスターの郊外ボルトンで使われていた1901年生まれの古参も走っている

Pleasure Beach　30 August 2015

Rigby Road Depot から出てきた Bolton66　1981年にブラックプールにやってきた　　　　Manchester Square　30 August 2015

2階の最前部ではおばあちゃんと孫が流れる景色を楽しんでいた　　　　Pleasure Beach　30 August 2015

前面５枚窓の内側
30 August 2015

左下の黒い板は運転手側
のらせん階段をふさぐ板
で"ここに立つな"と書
いてある
30 August 2015

２階席にはらせん階段で上る　　　30 August 2015

66の運転台
30 August 2015

2階席は木製の転換クロスシート
Pleasure Beach　30 August 2015

1階席は木製のロングシート
30 August 2015

ヘリテイジツアーの1回券
（2015年現在で英3ポンド）

優雅な1階席の天井
30 August 2015

66の台車は車輪径が異なるマキシマムトラクション　Brill Type 22E
Pleasure Beach　30 August 2015

LRVの時代

2011年から2012年にかけてドイツのボンバルディア社で製造されたLRV（100%超低床車）Flexity2で2012年から営業に入った　定期列車はすべてこの車両に置き換わった

South Pier — Waterloo Road　23 August 2014

真冬並みの寒風の吹く夕暮れ時にて　　　　　　　　　　　　　　　　　　　　　　　　　North Pier　7 September 2013

ジェットコースターをはじめいろいろな遊戯施設があるプレジャービーチ　　　　　　Pleasure Beach　8 September 2013

運賃は距離制で最低は英2ポンド

背の低い灯台があるフリートウッド
Fleetwood Ferry　8 September 2013

2階バスと行き交う
Victoria Street　6 September 2013

昼時のカフェの向こうにトラムが行く
Freetwood Ferry － Victoria Street
24 August 2014

Sカーブを行く　線路内立入禁止のバリケードが目立つ　　　　　　　　　　　　　　　　　　　　　　　　　Cleveleys　30 August 2015

北の終点フリートウッド付近では道幅が狭いため併用軌道となっている　　　　　　　　　　　　　　　　London Street　8 September 2013

ブラックプールタワー展望台からスターゲート方向を眺める　　　　　　　　　　　　　　　　　　　　　Blackpool Tower　8 September 2013

(74・75頁) ブラックプールタワー展望台から眼下を見下ろすとタワーの影が見えた　　　　　　Blackpool Tower　8 September 2013

マダムタッソーの蝋人形館の前を行く Flexity2 を観覧車から撮影　　Central Pier　23 August 2014

どくろマークはレジャーランドの建物　　Blackpool Tower　8 September 2013

77

ブラックプールタワーの前にあるコメディカーペット 一見新聞記事にも見えるがいろいろなメッセージが書かれている

North Pier — Tower   28 August 2015

ノースピアの歴史あるホテルの前を行く　　　　　　　　　　　　　　　　　　　　　Blackpool Tower　8 September 2013

（81頁）ブラックプールタワー展望台からフリートウッド方向を眺める　遊歩道が3段になっている　　　Blackpool Tower　8 September 2013

2階電車からの展望
上段：Balloon から
　　　28 August 2015
中段：Bolton から
下段：Bolton から
　　　30 August 2015

1776年創業のグランドメトロポールホテルをバックに　　　　　　　　　　　　　　　　　　　　　　　　　　　North Pier　28 August　2015

Flexity 2の車内　100％低床で車椅子スペースもある　ワンマンではなく改　　Flexity 2の運転台　ワンハンドル形マスコンは運転席の左側に付けられモニ
札係員が2名乗っている　　　　　　　　　　　　　　　　6 September 2013　　ター2台に速度計類や車外カメラの映像が映し出される　　　7 September 2013

カモメはブラックプールのシンボル

Manchester Square — St Chad's Road　30 August 2015

一日乗車券は Day Saver と呼ばれている

途中での折り返しは運転手がバールのようなものを使ってポイントを変える　　Bispham　29 August 2015

クラブが立ち並ぶノースピアを行く　　　　　　　　　　　　　　　　　　North Pier　6 September 2013

広告電車も多い Flexity 2　　　　　　　　　　　　　　　　Manchester Square － St Chad's Road　23 August 2015

新しいブラックプールの顔 Flexity 2

Wilton Parade – Gynn Square   7 September 2013

アイリッシュ海に日が沈む
Wilton Parade － Gynn Square　23 August 2014

（88頁下）朝日を浴びて引き潮の浜辺を行く
　　　　Wilton Parade － Gynn Square　24 August 2014

日が沈んで
　　　　Wilton Parade － Gynn Square　23 August 2014

ポール全盛期の頃

Brush Carというメーカーで作られたのでBrush Carと呼ばれている車両632を使って乗務員訓練が行われていた

North Pier 3 January 1978

事業用車 753 は Standard143 の改造で架線作業車　　North Pier　3 January 1978

雪が降って路面が凍結した海岸通りを走る 753 と OMO　　North Pier　3 January 1978

厳寒のブラックプールを走る OMO(One Man Operated tramcars) と呼ばれるワンマンカー　　　North Pier　3 January 1978

乗客の少ない冬期は OMO だけしか使われなかった　　　North Pier　3 January 1978

OMOは1972年から1976年にかけて1〜13の13両が造られたが1993年までにすべてが廃車となった そのうち5はCrichのNational Tramway Museumで8は保存団体が所有している また7は1987年Bolton Vanguard Carのレプリカに改造されてマンチェスターのHeaton Park Tramwayに保存されている
North Pier 3 January 1978

センターピアをバックに海岸沿いを走る Brush car 623　　　　　　　　　　　　　　　　　　　　　　　　Tower　20 July 1979

バスのような形をした2階電車はチョッパ制御で Jubilee と呼ばれた　2011年に廃車となったが保存団体が所有している　　　Gynn Scquare　18 July 1979

Balloonには派手な広告電車もたくさんあった　　　　　　　　　　　　　　　　　　　　　　　　　　　North Pier – Pleasant Street　20 July 1979

もとはStandardと呼ばれる2階電車だった753　ディーゼルエンジンを搭載していた　　　　　　　　　　　Wilton Parade　18 July 1979

Sカーブを行く Balloon722　軌道の中心にはかつてのコンデュイットを埋めた跡が残っていた　　　　　　　　　　　　　　　　　　Gynn Square　18 July 1979

(96頁上)　Brush Car630 に Balloon が続行　　　　　　　　　　　　　　　　　　　　　　　　　　　　　　　　　　　　　　　Gynn Square　18 July 1979

(96頁下) Rigby Road depot を出てきた Brush Car627　　　　　　　　　　　　　　　　　　　　　　　　　　　　　　　　Manchester Square　18 July 1979

立派な待合室を備えた
Little Bispham
20 July 1979

Bispham にも立派な駅舎がある　　20 July 1979

現在の Little Bispham
29 August 2015

フェリー乗り場のある北の終点
Fleetwood Ferry に着いた 720
20 July 1979

パンタグラフになる前は竹竿でポール回しを行っていた　レンズを向けると誇らしげにポーズをとってくれた　　　　　　　　　　Tower　19 July 1979

頻繁に運転されていた事業用車 753　　　　　　　　　　　　　　　　　　　　　　　　　　　　　　　　　　　　　Pleasant Street　18 July 1979

観光客を乗せて浜辺を遊覧するロバが横断のためトラムはしばしストップ

Tower 19 July 1979

専用軌道区間を走る OMO 10　　　Sandhurst Avenue　18 July 1979

シングルアームパンタに代わった OMO 3　　　Pleasant Street　20 July 1979

朝日を浴びた OMO2　　　Pleasant Street　20 July 1979

かつては乗降客の少ない停留所はリクエストストップ制で手を挙げなければ電車は止まってくれなかった
　　　　Sandhurst Avenue　18 July 1979

ポールを載せた高いやぐらが特徴のOMO　　　　　　　　　　　　　　Tower　20 July 1979

快走2台　　　　　　　　　　　　　　　　　　　　　　　　　　　　　　Pleasant Street　18 July 1979

リゾート客でにぎわっていた真夏には次から次へとトラムがやってきた

North Pier 20 July 1979

Gynn Square　18 July 1979

同じ坂道で

Gynn Square　8 September 2013

OMO同士のすれ違い　　Pleasant Street　20 July 1979

（110・111頁）たくさんの2階建てトラムがひしめき合う様は一種異様な光景であった　　North Pier　20 July 1979

ブラックプールタワーからノースピアを見る

（113頁）海岸通りを２台のトラムがゆっくりと走る

Blackpool Tower　19 July 1979

Blackpool Tower　19 July 1979

背の高い Balloon が３台並んだ

North Pier   20 July 1979

OMOと並んだBalloon　その高さの違いがよくわかる　　　　　　　　　　　　　　　　　　　　　　　　　　North Pier　20 July 1979

（117頁）ブラックプールタワーをバックにしたBalloon　　　　　　　　　　　　　　　　　　　　　　　　North Pier　20 July 1979

Balloon725の更新で登場したチョッパ制御のJubilee761　　　　　　　　　　　　　　　　　　　　　　　　North Pier　20 July 1979

途中折り返しの電車は中線に入ってポール回しをした
派手なイルミネーションが目を引く
Tower　20 July 1979

ブラックプールタワーからノースピアを見下ろす（120頁とも）　　Blackpool Tower　20 July 1979

（122・123頁）夕日にダブルデッカーが浮き上がった　　North Pier　18 July 1979

2階電車 Balloon の2階　手前に1階への階段がある　　　　　　　18 July 1979

2階電車 Balloon の1階　　　　　　　　　　　　　　　　　　　18 July 1979

2階電車 Balloon の運転台　　　　　　　　　　　　　　　　　　18 July 1979

車掌が肩から下げているのは乗車券発行機　　　　　　　　　　　18 July 1979

124

1920年製のレール研磨車 752 でスノープラウ付　現在はマンチェスターの Heaton Park Tramway で保存されている　　　Rigby Road Depot　19 July 1979

形式写真

架線作業軌陸車 440　うしろは 1953 年製の Coronation 660　　　Rigby Road Depot　19 July 1979

677 Twin Car の M 車 (Towing Car)
1935年に製造された Railcoach を改造したもの
Rigby Road Depot
19 July 1979

1979年725を車体更新しチョッパ制御にしたJubilee761 最初からパンタグラフでドアは運転台の脇片側1か所 1982年に増備された762はドアが中央になった 両車とも2011年に運用から外され現在761は保存団体が 762はCrichのNational Tramway Museumで保存されている Rigby Road Depot 19 July 1979

40 New Fleetwood Box　Blackpool & Fleetwood Electric Tramroadが1914年に製造したもので現在はCrichのNational Tramway Museumが所有している　Pleasure Beach　31 August 2015

40 側面にはドアはなく前面運転台から乗客も出入りする Pleasure Beach 31 August 2015

66 Bolton マンチェスターの郊外ボルトンで1901年に製造されたもので現在は Bolton 66 Tramcar Trust が所有している　Pleasure Beach　30 August 2015

272 Twin Car 1935年製のRailcoachを1960年に改造したものでトレーラーT2と固定編成を組む　Pleasure Beach　30 August 2015

T2 1960年に製造されたトレーラーで272と固定編成を組む

Pleasure Beach 31 August 2015

680 1960年 Railcoach を Twin Car 用に改造したもの 現在はマンチェスターの Heaton Park Tramway が所有している　　Pleasure Beach　31 August 2015

642 Centenary 1987年 East Lancashire Coachbuilders of lackburn 社で製造されたチョッパ制御車 のちに方向幕と幕板が大形化された 2006年に引退し現在は保存団体が所有している なお648は原形に復元され保存されている Pleasure Beach 30 August 2015

715　1934年製で Balloon と呼ばれている　この車両は現在保存団体が所有していてヘリテイジトラムツアーで使用されている　Pleasure Beach　28 August 2015

700 1934年製で2011年にバリアフリー対策で中央ドアが広げられ部分低床化されている ドア部分が張り出しているのが特徴

Pleasure Beach 24 August 2014

717 1934年製で2008年に登場時の姿に車体が復元された かつてのブラックプール交通局のマネージャー "Walter Luff" の名が付けられている　　Pleasure Beach　31 August 2015

631　1937年 Brush Car 廠製　　Pleasure Beach　31 August 2015

600 1934年製で"Duchess of Cornwall"の名が付けられている 現在は保存団体が所有しているヘリテイジトラムツアーに使われている 2010年にヘッドライトがハロゲンランプにバンパーがゴム製に排障器がグラスファイバー製にそれぞれ交換されている Pleasure Beach 23 August 2014

Pleasure Beach 23 August 2014

227 1934年製で赤とクリームに塗られ目立つ 602 からもとの 227 に再改番されている

230 1934年製で2012年に英国のかつての俳優であり歌手でもありコメディアンでもあった"George Formby OBE"の名が付けられ肖像が櫺に付けられている   Pleasure Beach   30 August 2015

706 1934年製造でもともとオープントップだったが1942年戦時措置として屋根付きに改造された 1985年事故復旧を機に再びオープントップにされたもので"Princess Alice"の名称が付けられている
Pleasure Beach
31 August 2015

59　1902年 Blackpool Corporation Tramway が製造したもので "Dreadnought" といわれている　2階が屋根のないオープントップになっている　現在は Crich の National Tramway Museum に保存されている

Rigby Road Depot　20 July 1979

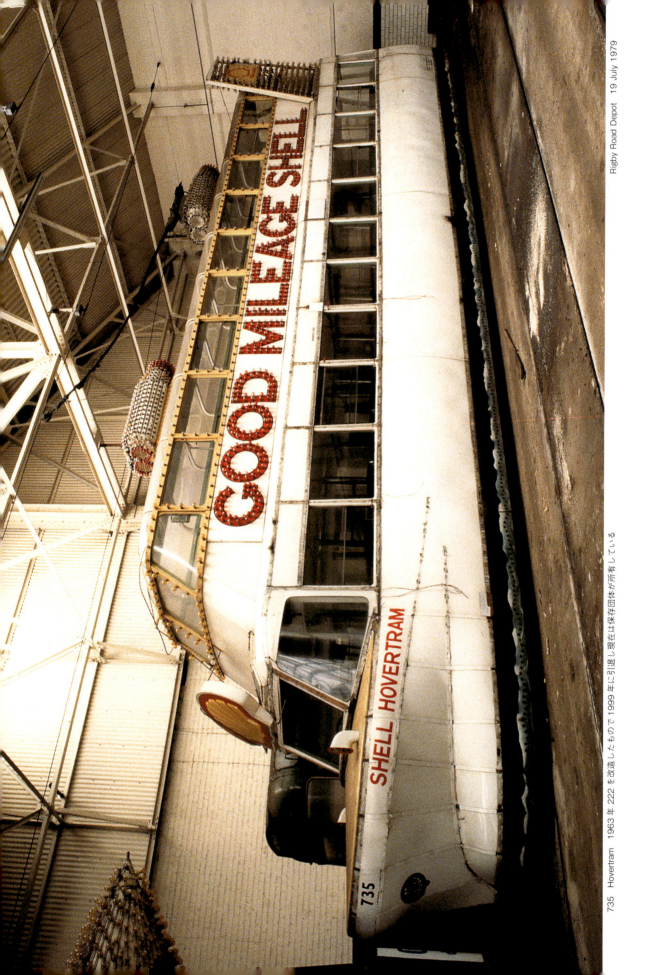

735 Hovertram 1963年222を改造したもので1999年に引退し現在は保存団体が所有している　Rigby Road Depot　19 July 1979

732 Rocket 1961年168を改造したもので傾斜のある車体は人目を引いていたが痛みがひどく2002年に引退 一時はGynn Squareに展示されていたが今はRigby Road Depotに戻され現在修理中である
Rigby Road Depot 19 July 1979

731 Blackpool Belle 1959年 163を改造したもので外輪船を模している 第2次世界大戦後初のイルミネーションカー 1982年に米国オレゴン州のGlenwood Trolley Parkに移った　Rigby Road Depot　20 July 1979

733+734 Western Train
1962年204と174を改造したもので老朽化のため2009年に677の部品を流用して更新された その華やかなイルミネーションはブラックプールのイルミネーションイベントを盛り上げている 写真は更新前の姿 Rigby Road Depot 19 July 1979

753 架線作業車 1958年143を改造してできたが1990年搭載していたディーゼルエンジンから出火し廃車となった 2000年に保存団体のLTTが貰い原形に修復に修復中である Rigby Road Depot 19 July 1979

732 Rocket には後ろから乗り込むようになっている
Rigby Road Depot　19 July 1979

731 Blackpool Belle の前面
Rigby Road Depot　19 July 1979

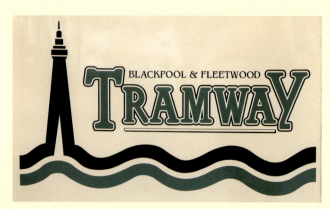

ブラックプールの顔さまざま

右端の人魚がクスッと笑っているかのように見える

ポールは紐が付いてないので時々架線から外れてしまう　特にポイントを通過するときには多く見られる　外れたら手慣れたもんで床下から竹竿を取り出し以下のように架線に戻す

Manchester Square　30 August 2015

① ポールを竹竿の先の金具に引っ掛ける　　　　　　　　　② 上手にポールを回す

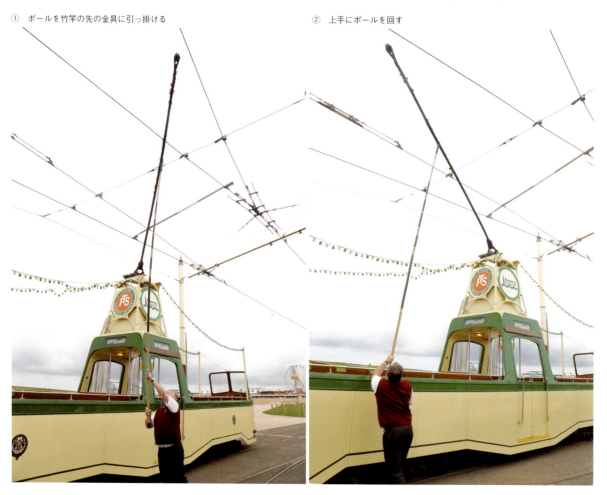

難しいポール操作

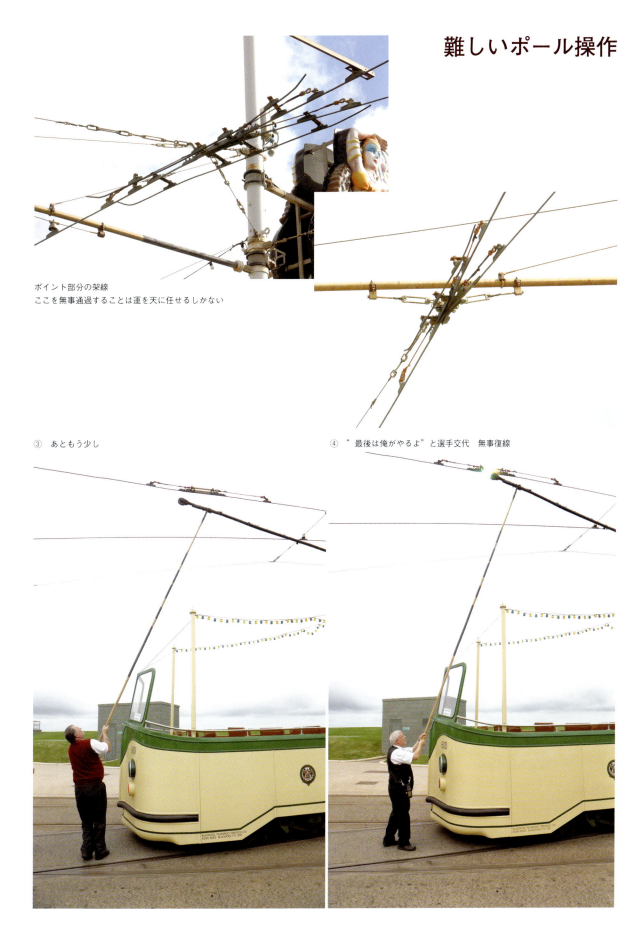

ポイント部分の架線
ここを無事通過することは運を天に任せるしかない

③ あともう少し

④ "最後は俺がやるよ" と選手交代　無事復線

創業期から今日までの車両一覧

1～10 (Blackwell Electric Tramway Company が製造)

原番	名称	製造年	製造所	座席定員		廃車年	摘要
1	Winter Saloon	1885	Starbuck	48	2階建て	1912	
2	Winter Saloon	1885	Starbuck	48	2階建て	1912	
3	Winter Saloon	1884	Starbuck	32	2階建て	1914	
4	Winter Saloon	1884	Starbuck	32	2階建て	1914	1963年NTM
5	Winter Saloon	1885	Starbuck	44	2階建て	1919	
6	Winter Saloon	1885	Starbuck	44	2階建て	1919	
7	Crossbench	1884	Starbuck	56	2階建て	1914	
8	Crossbench	1884	Starbuck	56	2階建て	1914	
9	Trailer	1885	Lancaster	28		1894	
10	Trailer	1885	Lancaster	28		1894	
9	Winter Saloon	1891	G F Milnes	48	2階建て	1912	
10	Winter Saloon	1891	G F Milnes	48	2階建て	1912	

Conduit 集電　2階建て（オープントップ, 2階は屋根なし）

1892 年 Blackpool Corporation Tramway に移管

11～16

原番	名称	製造年	製造所	台車	座席定員	廃車年
11	Palace	1895	Lancaster	Lancaster	82	1925
12	Palace	1895	Lancaster	Lancaster	82	1925
13	Palace	1895	Lancaster	Lancaster	82	1925
14	Palace	1895	Lancaster	Lancaster	82	1925
15	Dreadnought	1898	Milnes	Midland	86	1934
16	Dreadnought	1898	Milnes	Midland	86	1934

Conduit 集電　2階建て（オープントップ）

17～68

原番	名称	製造年	製造所	台車	座席定員	廃車年	摘要
17	Dreadnought	1900	Midland	Midland	93	1935	
18	Dreadnought	1900	Midland	Midland	93	1935	
19	Dreadnought	1900	Midland	Midland	93	1935	
20	Dreadnought	1900	Midland	Midland	93	1935	
21	Dreadnought	1900	Midland	Midland	93	1935	
22	Dreadnought	1900	Midland	Midland	93	1935	
23	Dreadnought	1900	Midland	Midland	93	1935	
24	Dreadnought	1900	Midland	Midland	93	1935	
25	Dreadnought	1900	Midland	Midland	93	1935	
26	Dreadnought	1900	Midland	Midland	93	1925	
27	Marton Box	1901	Midland	Midland	63	1937	
28	Marton Box	1901	Midland	Midland	63	1927	1927年Standardに更新
29	Marton Box	1901	Midland	Midland	63	1937	
30	Marton Box	1901	Midland	Midland	63	1937	
31	Marton Box	1901	Midland	Midland	63	1935	1984年Beamish
32	Marton Box	1901	Midland	Midland	63	1937	
33	Marton Box	1901	Midland	Midland	63	1923	1924年Standardに更新
34	Marton Box	1901	Midland	Midland	63	1923	1923年Standardに更新
35	Marton Box	1901	Midland	Midland	63	1927	1927年Standardに更新
36	Marton Box	1901	Midland	Midland	63	1925	1925年Standardに更新
37	Marton Box	1901	Midland	Midland	63	1927	1927年Standardに更新
38	Marton Box	1901	Midland	Midland	63	1926	1926年Standardに更新
39	Marton Box	1901	Midland	Midland	63	1926	1926年Standardに更新
40	Marton Box	1901	Midland	Midland	63	1926	1926年Standardに更新
41	Marton Box	1901	Midland	Midland	63	1925	1925年Standardに更新
42	Motherwell	1902	HN	HN	75	1926	1926年Standardに更新
43	Motherwell	1902	HN	HN	75	1923	1923年Standardに更新
44	Motherwell	1902	HN	HN	75	1937	
45	Motherwell	1902	HN	HN	75	1925	1928年Standardに更新
46	Motherwell	1902	HN	HN	75	1923	1923年Standardに更新
47	Motherwell	1902	HN	HN	75	1928	1928年Standardに更新
48	Motherwell	1902	HN	HN	75	1928	1928年Standardに更新
49	Motherwell	1902	HN	HN	75	1926	1926年Standardに更新
50	Motherwell	1902	HN	HN	75	1928	1928年Standardに更新
51	Motherwell	1902	HN	HN	75	1929	1929年Standardに更新
52	Motherwell	1902	HN	HN	75	1937	
53	Motherwell	1902	HN	HN	75	1924	1924年Standardに更新
54	Dreadnought	1902	Midland	Midland	93	1937	
55	Dreadnought	1902	Midland	Midland	93	1937	
56	Dreadnought	1902	Midland	Midland	93	1937	
57	Dreadnought	1902	Midland	Midland	93	1937	
58	Dreadnought	1902	Midland	Midland	93	1937	
59	Dreadnought	1902	Midland	Midland	93		1965年NTM
60	Dreadnought	1902	Midland	Midland	93	1937	
61	Dreadnought	1902	Midland	Midland	93	1937	
62	De Luxe Four-wheel	1911	UEC	Preston	66	1937	
63	De Luxe Four-wheel	1911	UEC	Preston	66	1937	
64	De Luxe Four-wheel	1911	UEC	Preston	66	1937	
65	De Luxe bogie	1911	UEC	Preston	76	1937	
66	De Luxe bogie	1911	UEC	Preston	76	1937	
67	De Luxe bogie	1911	UEC	Preston	76	1937	
68	De Luxe bogie	1911	UEC	Preston	76	1937	

2階建て（2階先頭部はバルコニー, Dreadnought はオープントップ）

69～92

原番	名称	製造年	製造所	台車	座席定員	廃車年
69	Toastrack	1911	UEC	Preston	69	1940
70	Toastrack	1911	UEC	Preston	69	1940
71	Toastrack	1911	UEC	Preston	69	1940
72	Toastrack	1911	UEC	Preston	69	1940
73	Toastrack	1911	UEC	Preston	69	1940
74	Toastrack	1911	UEC	Preston	69	1940
75	Toastrack	1911	UEC	Preston	69	1940
76	Toastrack	1911	UEC	Preston	69	1940
77	Toastrack	1911	UEC	Preston	69	1940
78	Toastrack	1911	UEC	Preston	69	1940
79	Toastrack	1911	UEC	Preston	69	1940
80	Toastrack	1911	UEC	Preston	69	1940
81	Toastrack	1911	UEC	Preston	69	1940
82	Toastrack	1911	UEC	Preston	69	1940
83	Toastrack	1911	UEC	Preston	69	1940
84	Toastrack	1911	UEC	Preston	69	1940
85	Toastrack	1911	UEC	Preston	69	1940
86	Toastrack	1911	UEC	Preston	69	1940
87	Toastrack	1911	UEC	Preston	69	1940
88	Toastrack	1911	UEC	Preston	69	1940
89	Toastrack	1911	UEC	Preston	69	1940
90	Toastrack	1911	UEC	Preston	69	1940
91	Toastrack	1911	UEC	Preston	69	1940
92	Toastrack	1911	UEC	Preston	69	1940

屋根・側板なし

Toastrack が示すように座席が並ぶ姿はトーストパンを立てておくラックに似ていた

93～98

原番	名称	製造年	入線年	製造所	台車	座席定員	廃車年
93	ex-London United	1901	1919	G F Milnes	Mc Guire max-traction swing-bolster	69	1934
94	ex-London United	1901	1919	G F Milnes	Mc Guire max-traction swing-bolster	69	1934
95	ex-London United	1901	1919	G F Milnes	Mc Guire max-traction swing-bolster	69	1934
96	ex-London United	1901	1919	G F Milnes	Mc Guire max-traction swing-bolster	69	1934
97	ex-London United	1901	1919	G F Milnes	Mc Guire max-traction swing-bolster	69	1934
98	ex-London United	1901	1919	G F Milnes	Mc Guire max-traction swing-bolster	69	1934

2階建て（オープントップ）

London United Tramways から譲り受けたもの

Rigby Road Depot（車庫）　Manchester Square から分岐した奥にある　1979 年には自由に入れたが今はテロ対策からか警備が厳重で入れない　現在は Heritage Tram を収納している
28 August 2015

101〜141（Blackwood & Fleetwood Electric Tramroad が 1〜41 として製造）

原番	1920年改番	名称	製造年	製造所	台車	座席定員	廃車年	摘要
1	126	Crossbench "Racks"	1898	Milnes	Milnes	56	1939	
2	127	Crossbench "Racks"	1898	Milnes	Milnes	56	1939	1963年NTM
3	128	Crossbench "Racks"	1898	Milnes	Milnes	56	1939	
4	129	Crossbench "Racks"	1898	Milnes	Milnes	56	1942	
5	130	Crossbench "Racks"	1898	Milnes	Milnes	56	1942	
6	131	Crossbench "Racks"	1898	Milnes	Milnes	56	1942	
7	132	Crossbench "Racks"	1898	Milnes	Milnes	56	1939	
8	133	Crossbench "Racks"	1898	Milnes	Milnes	56	1942	
9	134	Crossbench "Racks"	1898	Milnes	Milnes	56	1942	
10	135	Crossbench "Racks"	1898	Milnes	Milnes	56	1942	
11	136	Ex-trailer	1899	Milnes	Milnes	64	1941	1905年電動車化
12	137	Ex-trailer	1899	Milnes	Milnes	64	1941	1905年電動車化
13	138	Ex-trailer	1899	Milnes	Milnes	64	1941	1905年電動車化
14	106	Fleetwood Box	1898	Milnes	Milnes	48	1933	
15	107	Fleetwood Box	1898	Milnes	Milnes	48	1933	
16	108	Fleetwood Box	1898	Milnes	Milnes	48	1933	
17	109	Fleetwood Box	1898	Milnes	Milnes	48	1933	
18	110	Fleetwood Box	1898	Milnes	Milnes	48	1933	
19	111	Fleetwood Box	1898	Milnes	Milnes	48	1933	
20	101	Fleetwood Box	1898	Milnes	Milnes	48	1933	
21	102	Fleetwood Box	1898	Milnes	Milnes	48	1933	
22	103	Fleetwood Box	1898	Milnes	Milnes	48	1933	
23	104	Fleetwood Box	1898	Milnes	Milnes	48	1933	
24	105	Fleetwood Box	1898	Milnes	Milnes	48	1933	
25	139	Crossbench "Racks"	1898	Milnes	Milnes	56	1942	
26	140	Crossbench "Racks"	1898	Milnes	Milnes	56	1942	
27	141	Crossbench "Racks"	1898	Milnes	Milnes	56	1937	1937年イルミカー Bandwagon（1958年廃車）
28	116	Yanks	1900	ER & TCW	Brill 27D type	55	1934	
29	117	Yanks	1900	ER & TCW	Brill 27D type	55	1934	
30	118	Yanks	1900	ER & TCW	Brill 27D type	55	1934	
31	119	Yanks	1900	ER & TCW	Brill 27D type	55	1934	
32	120	Yanks	1900	ER & TCW	Brill 27D type	55	1934	
33	121	Yanks	1900	ER & TCW	Brill 27D type	55	1934	
34	122	Yanks	1900	ER & TCW	Brill 27D type	55	1934	
35	123	Vanguard	1910	UEC	Preston	64	1939	
36	124	Vanguard	1910	UEC	Preston	64	1939	
37	125	Vanguard	1910	UEC	Preston	64	1939	
38	112	New Fleetwood Box	1914	UEC	Preston	46	1937	
39	113	New Fleetwood Box	1914	UEC	Preston	46	1937	
40	114	New Fleetwood Box	1914	UEC	Preston	46	1936	1963年NTM
41	115	New Fleetwood Box	1914	UEC	Preston	46	1937	

1920年 Blackpool Corporation Tramway に移管され改番

Boxは箱形の車体　それ以外は側板がない車体（一部は箱形に改造されたものもある）

28・33〜43・45〜51・53・99・100・142〜160・177

原番	名称	製造年	製造所	台車	座席定員	廃車年	摘要
28	Standard	1927	BCT/HN	DK	78	1956	Marton Boxを更新
33	Standard	1924	BCT/HN	DK	78	1940	Marton Boxを更新
34	Standard	1923	BCT/HN	DK	78	1947	Marton Boxを更新
35	Standard	1927	BCT/HN	DK	78	1951	Marton Boxを更新
36	Standard	1925	BCT/HN	DK	78	1951	Marton Boxを更新
37	Standard	1927	BCT/HN	DK	78	1951	Marton Boxを更新
38	Standard	1926	BCT/HN	DK	78	1945	Marton Boxを更新
39	Standard	1926	BCT/HN	DK	78	1950	Marton Boxを更新
40	Standard	1926	BCT/HN	DK	78	1962	Marton Boxを更新　1963年NTM
41	Standard	1925	BCT/HN	DK	78	1960	
42	Standard	1926	BCT/HN	DK	78	1957	Motherwellを更新
43	Standard	1923	BCT/HN	DK	78	1951	Motherwellを更新
45	Standard	1928	BCT/HN	DK	78	1951	Motherwellを更新
46	Standard	1923	BCT/HN	DK	78	1940	Motherwellを更新
47	Standard	1928	BCT/HN	DK	78	1947	Motherwellを更新
48	Standard	1928	BCT/HN	DK	78	1962	Marton Boxを更新　1964年Oregon
49	Standard	1926	BCT/HN	DK	78	1962	Marton Boxを更新　1962年NTM
50	Standard	1928	BCT/HN	DK	78	1940	Motherwellを更新
51	Standard	1929	BCT/HN	DK	78	1951	Motherwellを更新
53	Standard	1924	BCT/HN	DK	78	1951	Motherwellを更新
99	Standard	1923	BCT/HN	DK	78	1954	
100	Standard	1923	BCT/HN	DK	78	1954	
142	Standard	1924	BCT/HN	DK	78	1951	
143	Standard	1924	BCT/HN	DK	78	1957	1958年事業用車753に改造　2000年LTT
144	Standard	1925	BCT/HN	DK	78	1954	1955年Seashore Trolley Museum, Maine, USA
145	Standard	1925	BCT/HN	DK	78	1956	
146	Standard	1924	BCT/HN	DK	78	1951	
147	Standard	1924	BCT/HN	DK	78		1967年Trolleyville, Ohio, USA　2000年ブラックプールに戻る
148	Standard	1924	BCT/HN	DK	78	1951	
149	Standard	1924	BCT/HN	DK	78	1951	
150	Standard	1925	BCT/HN	DK	78	1951	
151	Standard	1925	BCT/HN	DK	78	1954	
152	Standard	1952	BCT/HN	DK	78	1954	
153	Standard	1926	BCT/HN	DK	78	1954	
154	Standard	1926	BCT/HN	DK	78	1951	
155	Standard	1926	BCT/HN	DK	78	1954	
156	Standard	1927	BCT/HN	DK	78	1951	
157	Standard	1927	BCT/HN	DK	78	1949	
158	Standard	1927	BCT/HN	DK	78	1966	
159	Standard	1927	BCT/HN	DK	78	1966	1967年EATM
160	Standard	1927	BCT/HN	DK	78	1966	
177	Standard	1929	BCT/HN	DK	78	1957	

2階建て

161～166

原番	名称	製造年	製造所	台車	座席定員	廃車年	摘要
161	Toastrack	1927	BCT	DK	64	1941	1942年事業用車7に改造
162	Toastrack	1927	BCT	DK	64	1941	
163	Toastrack	1927	BCT	DK	64	1941	1959年イルミカーBlackpool Belleに改造
164	Toastrack	1927	BCT	DK	64	1941	
165	Toastrack	1927	BCT	DK	64	1941	1951年テレビ放送カーに改造
166	Toastrack	1927	BCT	DK	64	1941	1953年テレビ放送カーに改造　1972年NTM

屋根・側板なし

Rigby Roadにある交通局庁舎　　28 August 2015

167～176

原番	名称	製造年	製造所	台車	座席定員	廃車年	摘要
167	Pantograph	1928	DK	DK	48	1953	1954年事業用車化　1962年NTM
168	Pantograph	1928	DK	DK	48	1960	1961年イルミカーRocketに改造
169	Pantograph	1928	DK	DK	48	1960	
170	Pantograph	1928	DK	DK	48	1961	1965年イルミカーFrigateに改造
171	Pantograph	1928	DK	DK	48	1960	
172	Pantograph	1928	DK	DK	48	1961	
173	Pantograph	1928	DK	DK	48	1960	
174	Pantograph	1928	DK	DK	48	1959	1962年イルミカーWestern Train Carriageに改造
175	Pantograph	1928	DK	DK	48	1960	
176	Pantograph	1928	DK	DK	48	1960	

200～224・264～283（改番後608～620・671～680）

原番	名称	製造年	製造所	台車	座席定員	1968年改番	廃車年	摘要
200	Railcoach	1933	EE/DK	EE	48	−	1963	
201	Railcoach	1933	EE/DK	EE	48	−	1963	
202	Railcoach	1933	EE/DK	EE	48	−	1963	
203	Railcoach	1933	EE/DK	EE	48	−	1963	
204	Railcoach	1934	EE/DK	EE	48	−	1962	1962年Western Train Locomotiveに改造
205	Railcoach	1934	EE/DK	EE	48	−	1963	
206	Railcoach	1934	EE/DK	EE	48	−	1961	
207	Railcoach	1934	EE/DK	EE	48	−	1963	
208	Railcoach	1934	EE/DK	EE	48	−	1963	
209	Railcoach	1934	EE/DK	EE	48	−	1963	
210	Railcoach	1934	EE/DK	EE	48	−	1963	
211	Railcoach	1934	EE/DK	EE	48	−	1965	
212	Railcoach	1934	EE/DK	EE	48	−	1965	
213	Railcoach	1934	EE/DK	EE	48	−	1965	
214	Railcoach	1934	EE/DK	EE	48	−	1963	
215	Railcoach	1934	EE/DK	EE	48	−	1963	
216	Railcoach	1934	EE/DK	EE	48	−	1962	
217	Railcoach	1934	EE/DK	EE	48	−	1965	
218	Railcoach	1934	EE/DK	EE	48	−	1963	
219	Railcoach	1934	EE/DK	EE	48	−	1963	
220	Railcoach	1934	EE/DK	EE	48	608	1972	1972年OMO4に更新
221	Railcoach	1934	EE/DK	EE	48	609	1965	1965年事業用車化5に改造　1972年OMO5に更新
222	Railcoach	1934	EE/DK	EE	48	−	1963	1963年イルミカーHovertramに改造
223	Railcoach	1934	EE/DK	EE	48	−	1963	
224	Railcoach	1934	EE/DK	EE	48	610	1964	1972年OMO3に更新
264	Railcoach	1935	EE/DK	EE	48	611	1975	1960年Towing Carに改造　1975年OMO12に更新
265	Railcoach	1935	EE/DK	EE	48	612	1974	1974年OMO8に更新
266	Railcoach	1935	EE/DK	EE	48	613	1974	1974年OMO9に更新
267	Railcoach	1935	EE/DK	EE	48	614	1975	1975年OMO10に更新
268	Railcoach	1935	EE/DK	EE	48	615	1975	1975年OMO11に更新
269	Railcoach	1935	EE/DK	EE	48	616	1972	1972年OMO1に更新
270	Railcoach	1935	EE/DK	EE	48	617	1973	1973年OMO6に更新
271	Railcoach	1935	EE/DK	EE	48	618	1976	1976年OMO13に更新
272	Railcoach	1935	EE/DK	EE	48	672		1960年Towing Carに改造　1964年T2と固定編成　272に再改番　Heritage
273	Railcoach	1935	EE/DK	EE	48	673		1961年Towing Carに改造　1965年T3と固定編成　FHL
274	Railcoach	1935	EE/DK	EE	48	674		1962年Towing Carに改造　1965年T4と固定編成　NEET
275	Railcoach	1935	EE/DK	EE	48	675		1961年Towing Carに改造　1965年T5と固定編成　スライディングルーフ　Heritage
276	Railcoach	1935	EE/DK	EE	48	676		1958年Towing Carに改造　1969年T6と固定編成
277	Railcoach	1935	EE/DK	EE	48	677	2007	1960年Towing Carに改造　1970年T7と固定編成　Western Train Locomotiveの更新に部品流用
278	Railcoach	1935	EE/DK	EE	48	678		1961年Towing Carに改造（両運転台）　FHL
279	Railcoach	1935	EE/DK	EE	48	679		1961年Towing Carに改造（両運転台）　2008年LTT
280	Railcoach	1935	EE/DK	EE	48	680		1960年Towing Carに改造（両運転台）　Heaton　Heritage
281	Railcoach	1935	EE/DK	EE	48	671		1960年Towing Carに改造　1962年T1と固定編成
282	Railcoach	1935	EE/DK	EE	48	619	1973	1973年OMO7に更新
283	Railcoach	1935	EE/DK	EE	48	620	1972	1972年OMO2に更新

形態はBrush Carに似ている　618は1968年にOMOに似た前面に改造された

225～236（改番後600～607）

原番	名称	製造年	製造所	台車	座席定員	1968年改番	廃車年	摘要
225	Boat	1934	EE/DK	EE	56	600		"Duchess of Cornwall"の名称　Heritage
226	Boat	1934	EE/DK	EE	56	601	1970	1971年Rio Vista Museum, Oakland, California, USA　1983年Muni
227	Boat	1934	EE/DK	EE	56	602		Heritage
228	Boat	1934	EE/DK	EE	56	603	1975	1976～1978年Philadelphia, USAに貸出　1985年Muni
229	Boat	1934	EE/DK	EE	56	−	1963	
230	Boat	1934	EE/DK	EE	56	604		230に再改番　"George Formby"の名称　Heritage
231	Boat	1934	EE/DK	EE	56	−	1963	
232	Boat	1934	EE/DK	EE	56	−	1963	
233	Boat	1934	EE/DK	EE	56	605	2013	2013年Muni
234	Boat	1934	EE/DK	EE	56	−	1963	
235	Boat	1934	EE/DK	EE	56	606	2000	2000年Trolleyville & Cleveland, Ohio, USA
236	Boat	1934	EE/DK	EE	56	607	2012	2012年NTM　1950年代の塗装

屋根なし　ボートの形をした車体

237～263（改番後700～726）

原番	名称	製造年	製造所	台車	座席定員	1968年改番	廃車年	摘要
237	Balloon	1934	EE/DK	EE	84	700		2011年ドア改造Modernised Cars
238	Balloon	1934	EE/DK	EE	84	701		
239	Balloon	1934	EE/DK	EE	84	702		Heaton
240	Balloon	1934	EE/DK	EE	84	703	2009	2010年Beamish
241	Balloon	1934	EE/DK	EE	84	704	2003	
242	Balloon	1934	EE/DK	EE	84	705	1980	1980年706と追突して廃車
243	Balloon	1934	EE/DK	EE	84	706		1985年Open-topに改造 "Princess Alice"の名称
244	Balloon	1934	EE/DK	EE	84	707		1998年車体更新Millenium Cars
245	Balloon	1934	EE/DK	EE	84	708	2004	Heaton
246	Balloon	1934	EE/DK	EE	84	709		2000年車体更新Millenium Cars
247	Balloon	1934	EE/DK	EE	84	710	2008	多客時使用 FHL
248	Balloon	1934	EE/DK	EE	84	711		2011年ドア改造Modernised Cars
249	Balloon	1934	EE/DK	EE	84	712		NTM
250	Balloon	1934	EE/DK	EE	84	713		2011年ドア改造Modernised Cars
251	Balloon	1934	EE/DK	EE	84	714		1982年更新Jubilee762
252	Balloon	1934	EE/DK	EE	84	715		LTT Heritage
253	Balloon	1934	EE/DK	EE	84	716	2003	
254	Balloon	1934	EE/DK	EE	84	717		2008年原形に復元 "Walter Luff"の名称 Heritage
255	Balloon	1934	EE/DK	EE	84	718		2002年車体更新Millenium Cars
256	Balloon	1935	EE/DK	EE	84	719		2011年ドア改造Modernised Cars
257	Balloon	1935	EE/DK	EE	84	720		2011年ドア改造Modernised Cars
258	Balloon	1935	EE/DK	EE	84	721	2010	NEET
259	Balloon	1935	EE/DK	EE	84	722	2009	
260	Balloon	1935	EE/DK	EE	84	723		
261	Balloon	1935	EE/DK	EE	84	724		2004年車体更新Millenium Cars
262	Balloon	1935	EE/DK	EE	84	725		1979年更新Jubilee761
263	Balloon	1935	EE/DK	EE	84	726	2010	FHL

2階建て（237～249は当初Open-top, 237～243は1942年，244～249は1941年に夜間空襲を避けるためOpen-topをやめ250～263と同様の車体となる）
Millenium Carsは長方形の車体に載せ替えられているが改番はされていない

284～303（改番後621～638）

原番	名称	製造年	製造所	台車	座席定員	1968年改番	廃車年	摘要
284	Brush Car	1937	Brush	EMB	48	621		2014年Beamish
285	Brush Car	1937	Brush	EMB	48	622		
286	Brush Car	1937	Brush	EMB	48	623		Heaton
287	Brush Car	1937	Brush	EMB	48	624	1971	1971年事業用車259に改造 2006年LTT
288	Brush Car	1937	Brush	EMB	48	625	2004	FHL
289	Brush Car	1937	Brush	EMB	48	626		WHT
290	Brush Car	1937	Brush	EMB	48	627	2004	FHL
291	Brush Car	1937	Brush	EMB	48	628	1969	1973年事業用車260に改造
292	Brush Car	1937	Brush	EMB	48	629	1972	
293	Brush Car	1937	Brush	EMB	48	630		2011年NTM
294	Brush Car	1937	Brush	EMB	48	631		Heritage
295	Brush Car	1937	Brush	EMB	48	632		LTT Heritage
296	Brush Car	1937	Brush	EMB	48	633		2001年イルミカーTrawle737に改造
297	Brush Car	1937	Brush	EMB	48	634		NEET
298	Brush Car	1937	Brush	EMB	48	635	1974	1977年NTM
299	Brush Car	1937	Brush	EMB	48	636		
300	Brush Car	1937	Brush	EMB	48	637	1982	FHL
301	Brush Car	1937	Brush	EMB	48	－	1966	
302	Brush Car	1937	Brush	EMB	48	638	1980	
303	Brush Car	1937	Brush	EMB	48	－	1963	

304～328（改番後641～664）

原番	名称	製造年	製造所	台車	座席定員	1968年改番	廃車年	摘要
304	Coronation	1952	Charles	M&T	56	641	1970	復帰304に再改番 2002年LTT
305	Coronation	1952	Charles	M&T	56	642	1970	
306	Coronation	1952	Charles	M&T	56	643	1970	
307	Coronation	1952	Charles	M&T	56	644	1970	
308	Coronation	1952	Charles	M&T	56	645	1969	
309	Coronation	1952	Charles	M&T	56	646	1969	
310	Coronation	1952	Charles	M&T	56	647	1968	
311	Coronation	1952	Charles	M&T	56	648	1968	
312	Coronation	1953	Charles	M&T	56	649	1968	
313	Coronation	1953	Charles	M&T	56	－	1963	
314	Coronation	1953	Charles	M&T	56	650	1969	
315	Coronation	1953	Charles	M&T	56	651	1969	
316	Coronation	1953	Charles	M&T	56	652	1968	
317	Coronation	1953	Charles	M&T	56	653	1971	
318	Coronation	1953	Charles	M&T	56	654	1975	
319	Coronation	1953	Charles	M&T	56	655	1975	
320	Coronation	1953	Charles	M&T	56	656	1971	
321	Coronation	1953	Charles	M&T	56	657	1971	
322	Coronation	1953	Charles	M&T	56	658	1970	
323	Coronation	1953	Charles	M&T	56	659	1970	
324	Coronation	1953	Charles	M&T	56	660		LTT
325	Coronation	1953	Charles	M&T	56	661	1975	
326	Coronation	1953	Charles	M&T	56	662	1975	
327	Coronation	1953	Charles	M&T	56	663	1974	1976年WYTM 2002年LTT
328	Coronation	1953	Charles	M&T	56	664	1971	

形態はTwin Carに似ている

10～21

原番	名称	製造年	製造所	台車	座席定員	廃車年	摘要
10	Sun Saloon	1939	EE	EE	48	1958	
11	Sun Saloon	1939	EE	EE	48	1962	1965年EATM
12	Sun Saloon	1939	EE	EE	48	1962	
13	Sun Saloon	1939	EE	EE	48	1963	
14	Sun Saloon	1939	EE	EE	48	1963	
15	Sun Saloon	1939	EE	EE	48	1963	
16	Sun Saloon	1939	EE	EE	48	1963	
17	Sun Saloon	1939	EE	EE	48	1963	
18	Sun Saloon	1939	EE	EE	48	1963	
19	Sun Saloon	1939	EE	EE	48	1963	
20	Sun Saloon	1939	EE	EE	48	1963	
21	Sun Saloon	1939	EE	EE	48	1962	

形態はBrush Carに似ているが天窓付
1942年夜間空襲を避けるため天窓が閉鎖された

T1～T10（改番後 681～690）

原番	名称	製造年	製造所	台車	座席定員	1968年改番	固定連結化	廃車年	摘要
T1	Twin cars Trailer	1960	MCW	M&T	66	681	1962		FHL
T2	Twin cars Trailer	1960	MCW	M&T	66	682	1964		2012年T2に再改番　Heritage
T3	Twin cars Trailer	1960	MCW	M&T	66	683	1965		FHL
T4	Twin cars Trailer	1960	MCW	M&T	66	684	1965		NEET
T5	Twin cars Trailer	1960	MCW	M&T	66	685	1965		
T6	Twin cars Trailer	1960	MCW	M&T	66	686	1969		
T7	Twin cars Trailer	1960	MCW	M&T	66	687	1970		FHL
T8	Twin cars Trailer	1960	MCW	M&T	66	688	—	1982	
T9	Twin cars Trailer	1961	MCW	M&T	66	689	—	1981	1981年WYTM
T10	Twin cars Trailer	1961	MCW	M&T	66	690	—	1981	1981年WYTM

Coronationに似た車体をしている　M車はRailcoachの改造で車体はTrailerと同様

1～13

原番	名称	製造年	製造所	座席定員	種車	廃車年	摘要
1	OMO	1972	BCT	48	616	1989	
2	OMO	1972	BCT	48	620	1985	
3	OMO	1972	BCT	48	610	1987	
4	OMO	1972	BCT	48	608	1985	
5	OMO	1972	BCT	48	609	1993	2000年NTM
6	OMO	1973	BCT	48	617	1987	
7	OMO	1973	BCT	48	619	1987	1987年レプリカ (Bolton Vanguard Car 619) に改造
8	OMO	1974	BCT	48	612	1992	2005年LTT
9	OMO	1974	BCT	48	613	1987	
10	OMO	1975	BCT	48	614	1992	
11	OMO	1975	BCT	48	615	1993	1993～1997年試験車となる
12	OMO	1975	BCT	48	611	1988	
13	OMO	1976	BCT	48	618	1984	

ワンマンカー

761・762

原番	名称	製造年	製造所	座席定員	種車	廃車年	摘要
761	Jubilee	1979	BCT	98	725	2011	FHL
762	Jubilee	1982	BCT	90	714	2011	2011年NTM

2階建て

641～648

原番	名称	製造年	製造所	座席定員	旧番	廃車年	摘要
641	Centenary	1984	East Lancashire	54	—		FHL　Pleasure Beachに展示
642	Centenary	1987	East Lancashire	52	—		FHL　Heritage
643	Centenary	1987	East Lancashire	52	—		FHL
644	Centenary	1987	East Lancashire	52	—		
645	Centenary	1987	East Lancashire	52	—		
646	Centenary	1987	East Lancashire	52	—	2012	
647	Centenary	1988	East Lancashire	52	—		NEET
648	Centenary	1991	East Lancashire	52	651		Heritage

ワンマンカー

001～016

原番	名称	入線年	製造所	座席定員	立席定員	車体長(mm)	車体高(mm)	車体幅(mm)	自重(t)	出力(kW)	個数	最高速度(kW/h)
001	Flexity2	2011	Bombardier	74	148	32,200	3,420	2,650	40.9	120	4	70
002	Flexity2	2011	Bombardier	74	148	32,200	3,420	2,650	40.9	120	4	70
003	Flexity2	2012	Bombardier	74	148	32,200	3,420	2,650	40.9	120	4	70
004	Flexity2	2011	Bombardier	74	148	32,200	3,420	2,650	40.9	120	4	70
005	Flexity2	2011	Bombardier	74	148	32,200	3,420	2,650	40.9	120	4	70
006	Flexity2	2012	Bombardier	74	148	32,200	3,420	2,650	40.9	120	4	70
007	Flexity2	2012	Bombardier	74	148	32,200	3,420	2,650	40.9	120	4	70
008	Flexity2	2012	Bombardier	74	148	32,200	3,420	2,650	40.9	120	4	70
009	Flexity2	2012	Bombardier	74	148	32,200	3,420	2,650	40.9	120	4	70
010	Flexity2	2012	Bombardier	74	148	32,200	3,420	2,650	40.9	120	4	70
011	Flexity2	2012	Bombardier	74	148	32,200	3,420	2,650	40.9	120	4	70
012	Flexity2	2012	Bombardier	74	148	32,200	3,420	2,650	40.9	120	4	70
013	Flexity2	2012	Bombardier	74	148	32,200	3,420	2,650	40.9	120	4	70
014	Flexity2	2012	Bombardier	74	148	32,200	3,420	2,650	40.9	120	4	70
015	Flexity2	2012	Bombardier	74	148	32,200	3,420	2,650	40.9	120	4	70
016	Flexity2	2012	Bombardier	74	148	32,200	3,420	2,650	40.9	120	4	70

LRV

イルミネーションカー・レプリカ

原番	名称	製造所	座席定員	製造年	種車	1968年改番	廃車年	摘要
731	Blackpool Belle	BCT	36	1959	163	731	1978	1982年Oregon
732	Rocket	BCT	47	1961	168	732		2002年LTT
733	Western Train Locomotive	BCT	35	1962	204	733		2009年更新（677の部品流用）
734	Western Train Carriage	BCT	60	1962	174	734		
735	Hovertram	BCT	99	1963	222	735		NEET
F736	Frigate	BCT	71	1965	170	736		2004年更新
737	Trawler Cevic	BCT	48	2001	633	—		トロール船
619	Vanguard			1987	7			レプリカ　Heaton

2016年のヘリテイジカー運行案内
3月26～28日，4月30日～5月2日，5月28～30日，6月18・19日，7月16・17日，8月27～29日，9月24・25日，11月26・27日は6台以上が動くので狙い目

"City Class"611

1997年Trampower Ltd.で"City Class"611という3車体連接のLRVが試作され2000年から試運転されていたが2007年1月試運転中に出火し廃車されてしまった

事業用車

原番	用途	製造年	種車	廃車年	摘要
1	レール研磨車	1920			Heaton
2	レール研磨車	1935		1960	スノープラウ取付　1965年NTM
3		1939	126	1951	スノープラウ取付
5		1936	114	1960	Blackpool & Fleetwood 40に復元
5		1965	221		
6		1939	132	1955	1942年7から改番
7		1942	161		
131	散水車	1905			
717	電気機関車	1927			1966年NTM
749	架線作業車	1901			Beamish
750	リールワゴン	1907			
752	レールクレーン	1920			Heaton
753	架線作業車	1958	143		ディーゼル発電機付　2000年LTT
754	架線作業車	1992			ディーゼル発電機付
259		1971	624		2006年LTT
260	クレーン車	1973	628		旧番751
938	架線作業車	2005			軌陸車
939		2003			軌陸車

1968年の改番表

名称	改番後	改番前
Boat	600	225
	601	226
	602	227
	603	228
	604	230
	605	233
	606	235
	607	236
	廃車	237
Railcoach	608	220
	609	221
	610	224
	611	264
	612	265
	613	266
	614	267
	615	268
	616	269
	617	270
	618	271
	619	282
	620	283
Brush Car	621	284
	622	285
	623	286
	624	287
	625	288
	626	289
	627	290
	628	291
	629	292
	630	293
	631	294
	632	295
	633	296
	634	297
	635	298
	636	299
	637	300
	638	302
Coronation	641	304
	642	305
	643	306
	644	307
	645	308
	646	309
	647	310
	648	311
	649	312
	650	314
	651	315
	652	316
	653	317
	654	318
	655	319
	656	320
	657	321
	658	322
	659	323
	660	324
	661	325
	662	326
	663	327
	664	328

名称	改番後	改番前
Towing Car	671	281
	672	272
	673	273
	674	274
	675	275
	676	276
	677	277
	678	278
	679	279
	680	280
Twin cars Trailer	681	T1
	682	T2
	683	T3
	684	T4
	685	T5
	686	T6
	687	T7
	688	T8
	689	T9
	690	T10
Balloon	700	237
	701	238
	702	239
	703	240
	704	241
	705	242
	706	243
	707	244
	708	245
	709	246
	710	247
	711	248
	712	249
	713	250
	714	251
	715	252
	716	253
	717	254
	718	255
	719	256
	720	257
	721	258
	722	259
	723	260
	724	261
	725	262
	726	263

会社年表

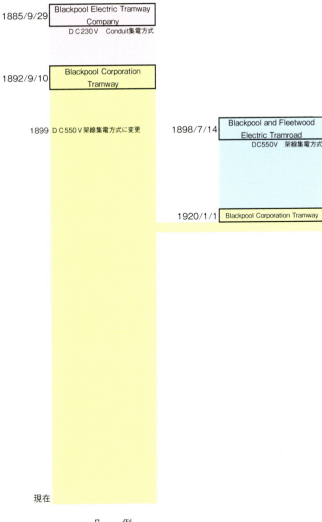

凡 例

製造所
BCT : Blackpool Corporation Transport Dept.
Bombardier : Bombardier（Germany）
Brush : Brush Car
BTH : British-Thompson-Houston Ltd.
Charles : Charles Roberts of Horbury
DK : Dick Kerr, Preston
East Lancashire : East Lancashire Coachbuilders
EE : English Electric Co.Ltd.
EMB : E.M.B.Hornless
ER & TCW : Electric Railway & Tramway Carriageworks Ltd. Preston
HN : Hurst Nelson
M&T : Maley & Taunton
MCW : Metropolitan Cammell, Birmingham
Midland : Midland Carriage & Wagon Co
UEC : United Electric Car Company Preston

保存場所
Beamish : Beamish Museum,County Durham
EATM : East Anglia Transport Museum,Carlton Colville
FHL : Fleetwood Heritage Leisure Trust
Heaton : Heaton Park Tramway,Manchester
LTT : Lancastrian transport Trust
Muni : San Fransisco Municipal Railway,California,USA
NEET : North Eastern Electrical Traction Trust,Sunderland
NTM : National Tramway Museum,Crich
Oregon : Oregon Electric Railway Museum,Oregon,USA
WHT : Wirral Heritage Tramway,Birkenhead
WYTM : West Yorkshire Transport Museum, Bradford（現在は閉館）

在籍車両一覧

1978年8月現在

車番	名称	営業開始年	製造所	摘要
1	OMO	1972	BCT	種車616
2	OMO	1972	BCT	種車620
3	OMO	1972	BCT	種車610
4	OMO	1972	BCT	種車608
5	OMO	1972	BCT	種車609
6	OMO	1973	BCT	種車617
7	OMO	1973	BCT	種車619
8	OMO	1974	BCT	種車612
9	OMO	1974	BCT	種車613
10	OMO	1975	BCT	種車614
11	OMO	1975	BCT	種車615
12	OMO	1975	BCT	種車611
13	OMO	1976	BCT	種車618
600	Boat	1934	EE	
602	Boat	1934	EE	
603	Boat	1934	EE	
604	Boat	1934	EE	
605	Boat	1934	EE	
606	Boat	1934	EE	
607	Boat	1934	EE	
621	Brush Car	1937	Brush	
622	Brush Car	1937	Brush	
623	Brush Car	1937	Brush	
624	Brush Car	1937	Brush	事業用
625	Brush Car	1937	Brush	
626	Brush Car	1937	Brush	
627	Brush Car	1937	Brush	
628	Brush Car	1937	Brush	
629	Brush Car	1937	Brush	
630	Brush Car	1937	Brush	
631	Brush Car	1937	Brush	
632	Brush Car	1937	Brush	
633	Brush Car	1937	Brush	
634	Brush Car	1937	Brush	
636	Brush Car	1937	Brush	
637	Brush Car	1937	Brush	
638	Brush Car	1937	Brush	
660	Coronation	1953	Charles	
671	Towing Car	1935	EE	681と連結
672	Towing Car	1935	EE	682と連結
673	Towing Car	1935	EE	683と連結
674	Towing Car	1935	EE	684と連結
675	Towing Car	1935	EE	685と連結 スライディングルーフ
676	Towing Car	1935	EE	686と連結
677	Towing Car	1935	EE	687と連結
678	Towing Car	1935	EE	両運転台
679	Towing Car	1935	EE	両運転台
680	Towing Car	1935	EE	両運転台
681	Twin cars Trailer	1960	MCW	
682	Twin cars Trailer	1960	MCW	
683	Twin cars Trailer	1960	MCW	
684	Twin cars Trailer	1960	MCW	
685	Twin cars Trailer	1960	MCW	
686	Twin cars Trailer	1960	MCW	
687	Twin cars Trailer	1960	MCW	
688	Twin cars Trailer	1960	MCW	
689	Twin cars Trailer	1960	MCW	
690	Twin cars Trailer	1960	MCW	
700	Balloon	1934	EE	
701	Balloon	1934	EE	
702	Balloon	1934	EE	
703	Balloon	1934	EE	
704	Balloon	1934	EE	
705	Balloon	1934	EE	
706	Balloon	1934	EE	
707	Balloon	1934	EE	
708	Balloon	1934	EE	
709	Balloon	1934	EE	
710	Balloon	1934	EE	
711	Balloon	1934	EE	
712	Balloon	1934	EE	
713	Balloon	1935	EE	
714	Balloon	1935	EE	
715	Balloon	1935	EE	
716	Balloon	1935	EE	
717	Balloon	1935	EE	
718	Balloon	1935	EE	
719	Balloon	1935	EE	
720	Balloon	1935	EE	
721	Balloon	1935	EE	
722	Balloon	1935	EE	
723	Balloon	1935	EE	
724	Balloon	1935	EE	
725	Balloon	1935	EE	
726	Balloon	1935	EE	

イルミネーションカー

車番	名称	営業開始年	製造所	摘要
731	Blackpool Belle	1959	BCT	
732	Rocket	1960	BCT	
733	Western Train Locomotive	1962	BCT	
734	Western Train Carriage	1962	BCT	
735	Hovertram	1963	BCT	
736	Frigate	1965	BCT	

事業用車

車番	名称	営業開始年	製造所	摘要
749	架線作業車	1920	BCT	
750	架線リール積載車	1920	BCT	
751	レールクレーン	1973	BCT	
752	レール研磨車	1924	BCT	スノープラウ付
753	架線作業車	1958	BCT	ディーゼル発電機付
754	架線作業車	1927	BCT	

2015年8月現在

車番	名称	製造年(入線年)	製造所	摘要
001	Flexity2	2011	Bombardier	
002	Flexity2	2011	Bombardier	
003	Flexity2	2012	Bombardier	
004	Flexity2	2011	Bombardier	
005	Flexity2	2011	Bombardier	
006	Flexity2	2012	Bombardier	
007	Flexity2	2012	Bombardier	
008	Flexity2	2012	Bombardier	
009	Flexity2	2012	Bombardier	
010	Flexity2	2012	Bombardier	
011	Flexity2	2012	Bombardier	
012	Flexity2	2012	Bombardier	
013	Flexity2	2012	Bombardier	
014	Flexity2	2012	Bombardier	
015	Flexity2	2012	Bombardier	
016	Flexity2	2012	Bombardier	
700	Balloon	1934	EE/DK	ドア改造Modernised cars
707	Balloon	1934	EE/DK	ドア改造Modernised cars
709	Balloon	1934	EE/DK	ドア改造Modernised cars
711	Balloon	1934	EE/DK	ドア改造Modernised cars
713	Balloon	1934	EE/DK	ドア改造Modernised cars
718	Balloon	1934	EE/DK	ドア改造Modernised cars
719	Balloon	1934	EE/DK	ドア改造Modernised cars
720	Balloon	1935	EE/DK	ドア改造Modernised cars
724	Balloon	1935	EE/DK	ドア改造Modernised cars

ヘリテイジ

車番	名称	製造年	製造所	摘要
227	Boat	1934	EE/DK	旧番602 赤・白の塗装
230	Boat	1934	EE/DK	旧番604 "George Formby"の名称
600	Boat	1934	EE/DK	"Duchess of Cornwall"の名称
259	Brush Car	1937	Brush	LTT
279	Railcoach	1935	EE/DK	旧番624
287	Railcoach	1937	Brush	
631	Railcoach	1937	Brush	
632	Railcoach	1937	Brush	LTT
290	Brush Car	1937	Brush	旧番627 FHL
642	Centenary	1987	East Lancashire	
648	Centenary	1991	East Lancashire	
304	Coronation	1952	Charles	旧番641
660	Coronation	1953	Charles	
663	Coronation	1953	Charles	
272	Towing Car	1960	EE	
671	Towing Car	1960	EE	
675	Towing Car	1958	EE	
676	Towing Car	1958	EE	
T2	Twin cars Trailer	1960	MCW	
685	Twin cars Trailer	1960	MCW	
686	Twin cars Trailer	1960	MCW	
701	Balloon	1934	EE/DK	赤・白の塗装
704	Balloon	1934	EE/DK	
706	Balloon	1934	EE/DK	Open-top "Princess Alice"の名称
715	Balloon	1934	EE/DK	
717	Balloon	1934	EE/DK	"Walter Luff"の名称
723	Balloon	1935	EE/DK	
8	OMO	1974	BCT	
40	Fleetwood Box	1914	DK	NTMから借用
66	Bolton tram	1901	Electric Rly,tramway&Carriage Co.	Bolton 66 Tramcar Trust から借用
143	Standard	1924	BCT/HN	
147	Standard	1924	BCT/HN	"Michael Airey"の名称
761	ジュビリー	1979	BCT	FHL

イルミネーションカー

車番	名称	製造年	製造所	摘要
732	Rocket	1961	BCT	
733	Western Train Locomotive	1962	BCT	2009年更新（677の部品流用）
734	Western Train Carriage	1962	BCT	
F736	Frigate	1965	BCT	2004年更新 "HMS Blackpool"の名称
737	Trawler Cevic	2001	BCT	

事業用車

車番	名称	製造年	製造所	摘要
260	レールクレーン	1973	BCT	旧番751
750	架線リール積載車	1907		
754	架線作業車	1992	BCT	ディーゼル発電機付

Rigby Road Depotの車両配置表　19 July 1979

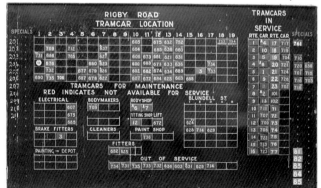

保存団体所有車

保存場所	車番	名称	製造年	入線年	旧番	摘要
National Tramway Museum,Crich (NTM)	2	Crossbench "Racks"	1898	1963	127	Blackpool & Fleetwood Tramroad
	2	レール研磨車	1935	1965	―	
	4	Conduit Winter Saloon	1885	1963	―	Blackpool Electric Tramway Company
	5	OMO	1972	2000	―	
	40	New Fleetwood Box	1914	1963	114	Blackpool & Fleetwood Tramroad
	40	Standard	1926	1963	―	
	49	Standard	1926	1962	―	
	59	Dreadnought	1902	1965	―	
	166	Toastrack	1927	1972	―	
	167	Pantograph	1928	1962	―	
	236	Boat	1934	2012	607	
	249	Balloon	1935		712	
	298	Brush Car	1937	1977	635	
	630	Brush Car	1937	2011	293	
	762	Jubilee	1982	2011	―	
	717	電気機関車	1927	1966	―	
Beamish Museum,County Durham (Beamish)	31	Marton Box Four-wheel	1901	1984	―	
	284	Brush Car	1937	2014	621	
	101	Balloon	1934	2010	703	
	749	tower wagon	1901			
Heaton Park Tramway,Manchester (Heaton)	619	Bolton Vanguard Car 619	1987		7	
	280	Towing Car	1935		680	
	623	Brush Car	1937		286	1940年代戦時中の塗装
	702	Balloon	1935		239	
	708	Balloon	1935		245	
	1	レール研磨車	1920		752	
East Anglia Transport Museum,Carlton Colville (EATM)	11	Sun Saloon	1939	1965	―	
	159	Standard	1927	1967	―	
Wirral Heritage Tramway,Birkenhead (WHT)	626	Brush Car	1937		289	
North Eastern Electrical Traction Trust,Sunderland (NEET)	634	Brush Car	1937		297	1990年代の塗装
	647	Centenary	1988		―	
	674	Towing Car	1961		274	
	684	Twin cars Trailer	1960		T4	
	721	Balloon	1935		258	
	735	Hovertram	1963		―	
West Yorkshire Transport Museum, Bradford (WYTM)	T9	Twin cars Trailer	1961	1981	689	
	T10	Twin cars Trailer	1961	1981	690	
Lancastrian transport Trust (LTT)	8	OMO	1974	2005	―	
	143	Standard	1924	2000	―	もと753
	279	Railcoach	1935	2008	679	
	624	Brush Car	1937	2006	287	
	632	Brush Car	1937	2008	295	
	304	Coronation	1952	2002	641	
	663	Coronation	1953	2002	327	
	715	Baloon	1934	2010	252	1976年WYTM
	732	Rocket	1961	2002	―	
Fleetwood Heritage Leisure Trust (FHL)	290	Brush Car	1937		627	
	625	Brush Car	1937		288	
	637	Brush Car	1937		300	
	641	Centenary	1984		―	Pleasure Beachに展示
	643	Centenary	1986		―	
	673	Towing Car	1961		273	
	678	Railcoach	1961		278	
	681	Twin cars Trailer	1960		T1	
	683	Twin cars Trailer	1960		T3	
	687	Twin cars Trailer	1960		T7	
	710	Balloon	1934		247	
	726	Balloon	1935		263	
	761	Jubilee	1979		―	
Oregon Electric Railway Museum,Oregon,USA (Oregon)	48	Standard	1928	1964	―	
	731	Blackpool Belle	1959	1982	―	
Seashore Trolley Museum,Maine,USA	144	Standard	1925	1955	―	
San Fransisco Municipal Railway,California,USA (Muni)	226	Boat	1934	1983	601	1971～1983年Rio Vista Museum, Oakland, California,USA
	228	Boat	1934	1985	603	1976～1978年Philadelphia,USAに貸出
	233	Boat	1934	2013	605	
Trolleyville & Cleveland,Ohio,USA	606	Boat	1934	2000	235	

あとがき

路面電車ファンの私は，英国のブラックプールに昔からのトラムが残っていることを知り，1978年初めて渡英しました．ヨーロッパ大陸のものとはかなり趣の異なるトラムを初めて見て，ブラックプールの虜になりました．2階電車がたくさんいてしかもポール集電だったことは私の好奇心を満足させてくれました．車庫を訪れ，ボート形の電車や船やロケット，はたまた蒸気機関車の形をした装飾電車を見たときは思わず歓喜の声をあげました．その光景が忘れられないまま30年以上が過ぎインターネットでリアルタイムのブラックプールトラムを見るにつれ再び彼の地への思いが強くなり，2013年から2015年まで毎年渡英しファンタスティックなトラムをカメラに収めました．

　これだけたくさんのレトロ車両を運転できていることはボランティアによるところも大きいようです．レトロ車両はボランティアの保存団体が所有しているものも多く，古い車両を丁寧に直して再登場させる技術を継承していることは素晴らしいことです．技術的にも昔ながらのダイレクトコントローラーの車両がほとんどなのでかえってメンテナンスがしやすいのでしょう．

　ブラックプール市交通局は賢く，リピーターを作ろうとレトロ車両を日ごとに変えて小出しにしてきます．レトロ車両をすべて捉えるには相当通わなければいけないようで，私にもまだ撮れないものがあります．ブラックプールの貴重なレトロ車両は，日本ではあまり紹介されていませんのでぜひ皆さんにご覧いただきたく本書をまとめました．車両記事や一覧表は各種書籍やインターネットからの資料をもとに作成しましたが，資料により登場時期などに相違があるものもあり，妥当と思われるものを採用しました．また，駅（停留場）名は読み間違いがあるといけないのですべて英語標記にしました．

　2016年には130周年だった2015年を上回るようなレトロ車両の運転も計画されています．日本からブラックプールに直行する場合，フランクフルトでマンチェスター行に乗継ぎ，マンチェスター空港駅からブラックプール北駅まで1時間ごとに出ている直通列車に乗ると時間が有効に使えます．なお，ブラックプールは真夏でも気温が低くおまけに風が強く雨も多い天候不順の地ですので，冬の服装が欠かせません．

　最後に，1978年と1979年の訪問の際には当時英国駐在だった隅田衷さんにはいろいろご教示いただきました．また印刷では気生堂印刷所の皆様に，販売では交友社の皆様に大変お世話になりました．この場を借りてお礼申し上げます．そして，いつも私の夢に理解を示し協力してくれる家族に感謝しています．

写真は特記以外はすべて著者撮影

使用機材
Nikon FM, Rolleiflex SL66, Canon EOS 5D Mark Ⅲ, Canon EOS 5Ds

著者略歴
後 藤 文 男（Fumio Goto）

1952年	東京で生まれる
1976～82年	株式会社交友社勤務
	私鉄電車のアルバム（慶応義塾大学鉄道研究会）および
	月刊鉄道ファンの編集・取材にたずさわる
2001年	"西武の赤い電機"出版
2011年	"りんご電車とその仲間たち"出版
現　在	ビル賃貸・管理業を営む

学習院高等科鉄道研究会 OB
慶応義塾大学鉄道研究会 OB・鉄研三田会会員

連絡先　株式会社鉄道ファン編集部
　　　　113-0021　東京都文京区本駒込6－7－11

参考文献

書　　　　　名	著　　　　　者
UK Light Rail and Tram Museum Guide 2015	James Millington
Triumphant tramways of England	Stephen Lockwood
The OMO cars	Philip Higgs and James Millington
Blackpool Tramways 1933-66	Stephen Lockwood
The Heyday of Blackpool's Trams	Steve Palmer
The Highlights of Blackpool's Trams	Steve Palmer
Blackpool by Tram	Steve Palmer and Brian Turner
Blackpool & Fleetwood By Tram	Steve Palmer
Blackpool & Fleetwood 100 years By Tram	Steve Palmer
Blackpool 125 years By Tram	Steve Palmer
Blackpool's Trams Past & Present	Steve Palmer
The Golden Miles	

上記の他にイギリスの各団体のホームページを参考にしています

ブラックプールトラムの情報は下記サイトから入手できます
http://www.blackpooltransport.com/
http://blackpooltram.blogspot.jp/
http://www.britishtramsonline.co.uk/news/
https://www.facebook.com/BlackpoolHeritageTramTours
https://www.facebook.com/pages/Trams-Today/144002195699684

ファンタスティックトラム　　Fantastic Trams in Blackpool

発　行	2016年4月20日
著　者	後藤文男　（Author：Fumio Goto）
編集・DTP	アトリエ230
発　売	株式会社　交友社
	〒113-0021　東京都文京区本駒込6－7－11
	TEL　03-3947-1100
	（Publisher：KOYUSHA CO.,LTD.
	6-7-11,Honkomagome,Bunkyo-ku,Tokyo,Japan）
印　刷	株式会社気生堂印刷所
定　価	本体2500円＋税　（Price：￥2500＋Tax）

ISBN978-4-7731-0007-5　C0065
©2016　Fumio Goto，Printed in Japan

本書の一部あるいは全部について，いかなる方法においても無断で転載・複写・複製することは禁じられています